AF228862

MUJERES VALIENTES

25 MUJERES QUE GOBERNARON

por Rebecca Stanborough

COMPASS POINT BOOKS
a capstone imprint

Serie Compass Point Books publicada por Capstone Press
1710 Roe Crest Drive, North Mankato, Minnesota 56003
www.capstonepub.com

Translated into the Spanish language by Aparicio Publishing

Los datos de CIP (Catalogación previa a la publicación, CIP) de la Biblioteca del Congreso se encuentran disponibles en el sitio web de la Biblioteca.

ISBN 978-0-7565-6538-1 (hardback)
ISBN 978-0-7565-6542-8 (eBook PDF)

Créditos editoriales
Anna Butzer, editor; Russell Griesmer, designer; Jennifer Bergstrom, production artist;
Svetlana Zhurkin, media researcher; Laura Manthe, production specialist

Fotografías gentileza de:
AP Photo: David Guttenfelder, cover; Capstone Press: 18, 27, 37; Dreamstime: Laurence Agron, 51; Getty Images: AFP/ Aamir Qureshi, 14, Bettmann, 55, Robert R. McElroy, 39, The LIFE Images Collection/Bob Peterson, 23; Library of Congress, 29; Newscom: akg-images, 11, Icon Sportswire/John Korduner, 49, MCT/Abaca Press/Olivier Douliery, 21, Polaris/ Baldev Kapoor, 17, Polaris/i-Images/Dinendra Haria, 25, Reuters/Ivan Alvarado, 19, Reuters/Lucas Jackson, 35, Reuters/ Philippe Wojazer, 33, Reuters/Stephen Lam, 36, Sipa/Romuald Meigneux, 31, Zuma Press/Christy Bowe, 53; Shutterstock: 360b, 9, Andrea Delbo, 44, Banana Oil, 4–5, DFree, 46, Jaguar PS, 41, Leonard Zhukovsky, 57, Shaun Jeffers, 7, Twocoms, 43; Wikimedia: Margaret Thatcher Foundation/Chris Collins, 12

Elementos de diseño
Shutterstock

Para Paris, que era la mejor en la Escuela Secundaria Murray

Impreso y encuadernado en los Estados Unidos de América.
PA100

CONTENIDO

INTRODUCCIÓN

Las mujeres líderes son heroicas. Han liderado naciones, luchado por la libertad, creado grandes obras de arte, formado empresas, batido récords, abierto las puertas de la oportunidad e inspirado a millones de personas. Algunas nacieron en familias poderosas y heredaron grandes riquezas. Algunas sabían lo que era pasar hambre o no tener dónde vivir. Cada una de ellas hizo un gran esfuerzo para alcanzar sus sueños. Cada una de ellas cambió el mundo.

Las mujeres líderes han cambiado el mundo a lo largo de la historia.

Capítulo 1

MUJERES LÍDERES DURANTE DÉCADAS

Pocos pueden imaginar lo que es ser responsable por el bienestar de todo un país. Estas mujeres no tuvieron que imaginarlo. Ellas gobernaron naciones. Formaron gabinetes, negociaron con diplomáticos extranjeros, comenzaron y terminaron guerras, y tomaron decisiones a diario que cambiaron la vida de millones de personas. Estas mujeres dejaron su huella en el mundo.

Isabel II
(1926–)
Reina de Inglaterra

La princesa Isabel se había levantado muy temprano. De pie junto a la ventana, miraba los elefantes en la gran charca de abajo.

—Son rosados —dijo.

Los elefantes habían estado revolcándose en la tierra colorida de Kenia. En ese momento, la joven que miraba los elefantes a la luz de la luna no tenía idea de que se había convertido en reina de Inglaterra.

Isabel asumiría la tremenda responsabilidad al día siguiente, después de enterarse de que su amado padre, el rey Jorge VI, había muerto. En los 65 años que pasaron desde entonces, la reina Isabel II ha estabilizado la nación en una era de grandes cambios. Durante su reinado, más de 40 colonias

La reina Isabel II, 2012

se independizaron y formaron
nuevas naciones. La reina ha trabajado
con 13 primeros ministros y un sinfín
de otros políticos con muy diversos
puntos de vista sobre la política.
Ha hecho 271 viajes a 128 naciones
de todo el mundo.

Lo que se ha mantenido constante
a lo largo de su reinado es su compromiso
con el deber y el servicio público.
Isabel II comienza cada uno de sus días
revisando sus famosas cajas rojas,
que contienen informes de las actividades
del Parlamento, cartas importantes
y documentos de gobierno.

"Tengo que revisar mis cajas
—ha dicho a sus amigos—. Si alguna
vez me salteara una, nunca podría
ponerme al día otra vez".

Sus tareas siguen siendo un desafío.
Casi todos los días se reúne con personas
de todo el mundo. Presta su apoyo
a organizaciones benéficas y asiste
a innumerables eventos de todo tipo.
Y aunque algunas de estas tareas puedan
parecer puramente ceremoniales,

la participación de la reina en la vida
de la nación unifica a una población
en aumento. Isabel II, la monarca
que más tiempo ha reinado en Gran
Bretaña, ha recibido considerables
críticas. Pero prácticamente todo
el mundo la admira por su dedicación
al servicio de los demás con inteligencia
y sabiduría.

Angela Merkel
(1954–)
Canciller de Alemania

Angela Merkel creció en una nación
dividida y rodeada de murallas.
Alemania Occidental era una sociedad
libre y democrática. Pero en Alemania
Oriental, donde vivía Angela Merkel
con su familia, un estricto gobierno
comunista controlaba el empleo,
la vivienda y la educación. Los que no
estaban de acuerdo con el Gobierno
se encontraban sin empleo, fuera
del sistema educativo o en la cárcel.

El padre de Angela Merkel
era pastor luterano en una nación atea

y su familia estaba bajo constante
vigilancia. Un muro de hormigón
de 103 millas (165 kilómetros)
que atravesaba Berlín separaba
Alemania Oriental de Alemania
Occidental. En los 28 años
de historia del muro, cerca
de 200 personas murieron
tratando de escapar.
Alemania se unificó como
una nación democrática
en 1990. Pero quizás el hecho
de haber crecido en una familia
cuyos valores chocaban
con el Gobierno le dio a Merkel
una cualidad duradera.
Ella desarrolló la capacidad
de considerar cuidadosamente todas
las soluciones para un problema antes
de decidir qué hacer. O quizá ser
analítica era parte de su naturaleza,
ya que estudió física y matemáticas.

Angela Merkel fue la primera mujer
en ser elegida canciller de Alemania,
en 2005. Ha guiado a Alemania
a través de dos crisis graves. La primera

*Angela Merkel en una conferencia de prensa después
de una reunión con el secretario general de la OTAN
en la Cancillería Federal de Berlín, en junio de 2016*

fue la crisis económica que castigó
a Europa en 2008. Las políticas que
Merkel consideró cuidadosamente
hicieron de Alemania la economía
más fuerte de Europa en un momento
en el que otras naciones se derrumbaban.

En 2015 y 2016, debido a los desastres
ocurridos en Siria y Libia, millones
dejaron su tierra natal en la migración

humana más grande de la historia
moderna. Bajo el liderazgo
de Merkel, Alemania abrió sus puertas
a los refugiados. Sobre ellos,
Merkel dijo: "No son masas las
que llegan, sino individuos. Porque
cada ser humano tiene la dignidad
que le ha sido otorgada por Dios".

Indira Gandhi
(1917–1984)
Primera ministra de la India

Indira Gandhi creció
en una familia de activistas audaces.
Durante la lucha de la India
por la independencia del gobierno
británico, distintos miembros
de su familia fueron encarcelados
muchas veces. Indira estaba tan
acostumbrada a oír hablar
de manifestaciones y protestas que
las incorporó a sus juegos infantiles.
Solía disponer dos grupos de muñecos,
los luchadores por la libertad
y la policía, y representaba
confrontaciones entre ellos.

Más tarde, los juegos de su imaginación
se volvieron realidad. Cuando tenía
24 años, fue encarcelada por hablar
en contra del Raj británico, los gobernantes
británicos de la India.

La India obtuvo su independencia
en 1947. El padre de Indira, Jawaharlal
Nehru, fue elegido primer ministro.
Ella lo acompañaba cuando se reunía
con líderes del mundo y tomaba
decisiones sobre el futuro del país.
Fue un entrenamiento excelente.
En 1966, Indira Gandhi fue la primera
mujer en ser elegida primera ministra
de la India, la democracia más grande
del mundo.

En los años siguientes, los habitantes
de la India la amaron por momentos
y la odiaron por otros. La amaron
por su diestra ejecución de una guerra
de 14 días para liberar al país vecino
de Bangladés del dominio pakistaní.
Fue comparada con Durga, una diosa
hindú poderosa y protectora. Pero más
tarde fue odiada con la misma intensidad.

El gobierno de Gandhi fue acusado

de corrupción. Algunos
funcionarios aceptaron
sobornos enormes a cambio
de favores. Las sequías
causaron hambre y la gente
sentía que ella no hacía
lo suficiente para ayudarlos.
Cuando un tribunal estableció
que ella había manipulado
unas elecciones, Indira
Gandhi declaró el estado
de emergencia, en lugar
de renunciar a su cargo.
Hizo arrestar a sus oponentes.

Una gran cantidad de berlineses saludan a Indira Gandhi durante su visita a Berlín Oriental en 1976.

Suspendió derechos como
las libertades de expresión y de prensa.
Cuando finalmente permitió otra
elección, Indira Gandhi perdió.

Años después volvió a ser elegida
primera ministra. Los habitantes
de la India le habían perdonado
sus fracasos anteriores. Pero había
un grupo de ciudadanos a los que
ella había ofendido profundamente.
Punjab, un estado de la India,
era el hogar de muchos miembros
de la religión sij. Algunos sij querían
separarse y formar su propia nación.
Gandhi quería que la India se mantuviera
unida. Ordenó al ejército que entrara
en el templo sij. Los soldados mataron
a cientos de personas y casi destruyeron
el lugar sagrado.

Como venganza, dos guardaespaldas
de Gandhi, que eran sij, la asesinaron
en 1984. Millones de personas lloraron
su muerte, y se la recuerda por los grandes
logros y terribles fracasos de su liderazgo.

Margaret Thatcher, 1989

Lady Margaret Thatcher
(1925–2013)
Primera ministra de Inglaterra

La candidata de 24 años se subió a la caja de jabón. Se veía un poco fuera de lugar entre los obreros de la construcción de Dartford. La multitud prestaba atención, tal vez por el vehemente discurso o tal vez por la novedad de ver a una candidata mujer. Margaret Roberts estaba en su elemento. Había estado escuchando debates políticos desde que era niña. Aunque había estudiado Química en la Universidad de Oxford, su auténtica pasión era la política.

Cuando Margaret Thatcher asumió el cargo de primera ministra en 1979, Gran Bretaña aún se recuperaba de un período de problemas económicos al que llamaban "el invierno del descontento". La inflación había alcanzado un pasmoso 10 por ciento, y al ciudadano común le costaba cubrir

los gastos básicos. Había más
de 1 millón de personas sin trabajo,
y algunos sindicatos estaban en huelga.
Hasta los sepultureros y recolectores
de basura se negaban a trabajar hasta
que se cumplieran sus exigencias.

Thatcher había sido conservadora
toda su vida. Ella y el Partido
Conservador creían que era
un error que la gente dependiera
de la ayuda económica del Gobierno.
Los conservadores también creían que
el Gobierno necesitaba ser pequeño
para que las empresas privadas
tuvieran lugar para crecer y dar
trabajo a otras personas. Al principio,
las políticas conservadoras causaron
una recesión más profunda en Inglaterra,
y el índice de aprobación de Thatcher
se desplomó.

Pero con el tiempo la economía
se recuperó, y la gente supo apreciar
su dramática reducción de los gastos
de Gobierno y su estricto
control sobre los sindicatos.
Cuando Thatcher declaró la guerra

para proteger las islas Malvinas
(Falkland Islands), un territorio
controlado por Gran Bretaña,
su popularidad aumentó aún más.
Un diplomático soviético una vez
la llamó la "Dama de Hierro",
y el nombre quedó.

Aunque Thatcher terminó
renunciando a su cargo ante una fuerte
oposición durante su tercer mandato,
fue quien ocupó el cargo de primer
ministro durante más tiempo en la Gran
Bretaña del siglo xx. Fue miembro
de la Cámara de los Lores hasta
su muerte, a los 87 años.

> *No sigas a la multitud; haz que la multitud te siga a ti.*
> —Margaret Thatcher

Benazir Bhutto saluda a sus simpatizantes durante un acto político en la ciudad portuaria de Karachi, Pakistán, en febrero de 1999.

Benazir Bhutto
(1953–2007)
Primera ministra de Pakistán

La primera ministra Benazir Bhutto escuchaba un informe militar en la cima de un glaciar en Siachen, el punto más alto de Pakistán. La rodeaban picos nevados, y el ejército indio acampaba justo al otro lado del paso de Gyong La.

Aquí, en el campo de batalla más alto del mundo, la primera ministra guardaba un secreto. Iba a tener un bebé.

Semanas después, cuando se supo la noticia, Bhutto de pronto se encontró en otro tipo de campo de batalla. Algunos sostenían que no podía liderar el país estando embarazada. Ella dio a luz a su hijo y regresó a trabajar al día siguiente.

Bhutto fue la primera mujer elegida democráticamente como primera ministra de una nación musulmana. Su padre, el primer ministro Zulfikar Ali Bhutto, había ayudado a modernizar Pakistán y había abierto las oportunidades para las mujeres y las minorías. Sin embargo, sus ideas progresistas no eran aceptadas por todos. Cuando Bhutto era una jovencita, su padre fue asesinado.

Durante la siguiente década, Bhutto y miles de otros pakistaníes fueron encarcelados por oponerse al Gobierno. Muchos de ellos fueron torturados y asesinados. A pesar de haber estado

encarcelada durante años,
Bhutto no cedió ante
los que exigían que
se retirara del servicio público.

En 1988, cuando
finalmente volvieron
a permitirse las elecciones,
Bhutto ganó por
una amplia mayoría.
Sin perder tiempo, comenzó
a trabajar para fortalecer
la democracia. Levantó
la prohibición de los sindicatos.
Restauró la libertad de prensa
y liberó a los presos políticos.
Su gobierno llevó electricidad,
agua limpia y servicios telefónicos
a las aldeas remotas. Hasta intentó lograr
la paz con la India. En 1993, Bhutto fue
elegida para un segundo mandato
como primera ministra.

Lamentablemente, no todo
el mundo apoyaba los cambios
democráticos que Bhutto había
hecho. En diciembre de 2007,
fue asesinada en un ataque

con una bomba, en medio de la campaña
para un tercer mandato.

El viaje de Bhutto al disputado
glaciar Siachen fue un símbolo
de su vida. Ella alcanzó alturas
espectaculares. Caminó por territorios
peligrosos en su lucha por la paz.
Y escuchó pacientemente el consejo
de otros, sabiendo todo el tiempo
que debía valerse de la fuerza secreta
que tenía en su interior.

MUJERES LÍDERES EN LA POLÍTICA

¿Qué se necesita para representar a una nación? En países democráticos, se necesita la confianza del pueblo. Cada una de estas mujeres sabía bien lo que era ganar los votos de los ciudadanos, hombres y mujeres. Y cada una se desenvolvió en un medio dominado por líderes hombres, que no estaban acostumbrados a que las mujeres ocuparan posiciones de poder. Estas mujeres abrieron caminos y le mostraron a la gente cómo es cuando las mujeres manejan el mundo.

Ellen Johnson Sirleaf
(1938–)
Presidenta de Liberia

La nación africana de Liberia está llena de contrastes drásticos: ciudades costeras y densos bosques lluviosos, pueblos indígenas africanos y descendientes de esclavos americanos. Valiosos recursos naturales y personas sumidas en la pobreza. Pocos líderes podían unir a un país tan dividido como lo ha estado Liberia. Pero como la primera mujer elegida jefa de Estado en toda África, la presidenta

Ellen Johnson Sirleaf, 2013

Ellen Johnson Sirleaf ha demostrado
tener la capacidad de unir a la población
de Liberia.

De niña, Sirleaf vio cómo su padre
y su madre se convertían en líderes
de una comunidad diversa. Su padre
era abogado y miembro de la asamblea
legislativa. Su madre fue, durante
un tiempo, ministra religiosa itinerante.
La familia de Sirleaf cenó
con el presidente Hilary Johnson,
el primer presidente de Liberia nacido
en el país. Pero también compartieron
comidas con aldeanos en partes remotas
de la nación.

Sirleaf se casó y tuvo hijos cuando
era joven. Pero a diferencia de muchas
mujeres de la época, también continuó
con su educación. Viajó a los Estados
Unidos y estudió para ser contadora,
y más adelante, economista.
Cuando regresó a Liberia, trabajó
en el Departamento del Tesoro.
Criticó con valentía las políticas

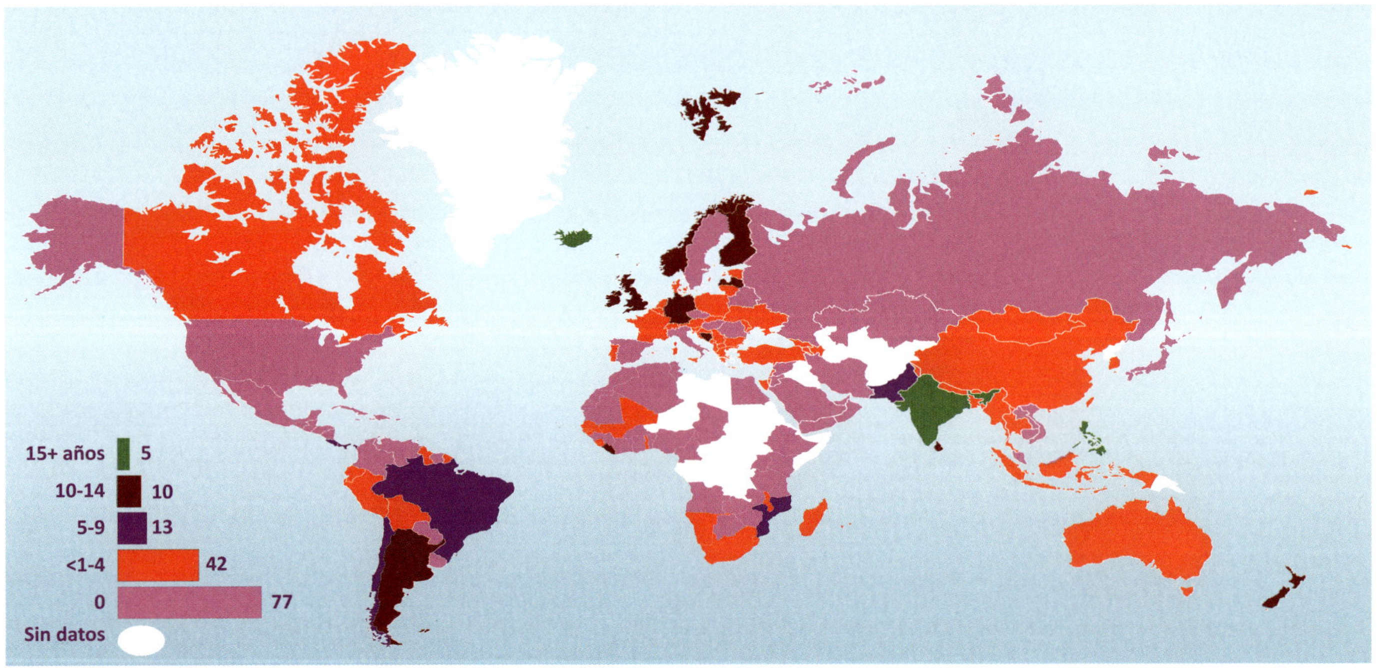

La mayoría de las naciones del mundo nunca han tenido una líder mujer.

que mantenían a Liberia en la pobreza y el subdesarrollo.

En 1980, el presidente de Liberia, William Tolbert, fue asesinado. El ejército organizó un golpe de Estado y tomó el gobierno. Sirleaf fue encarcelada y por poco muere. Abandonó el país pero continuó trabajando para el bien de Liberia y otras naciones africanas en el Programa de Desarrollo de las Naciones Unidas.

Luego vinieron años de una intensa guerra civil. Y en 2005, se llevaron a cabo elecciones libres en las que Sirleaf fue elegida presidenta. En sus mandatos, redujo drásticamente la deuda nacional de Liberia. Trabajó para sanar a una nación herida por la guerra. En 2011, ganó el Premio Nobel de la Paz por su trabajo para mejorar la vida de las mujeres.

Michelle Bachelet anuncia los miembros de su gabinete antes de asumir el cargo de presidenta de Chile, en enero de 2014.

Michelle Bachelet
(1951–)
Presidenta de Chile

En las oscuras horas del 11 de septiembre de 1973, un grupo de soldados al mando del dictador chileno Augusto Pinochet irrumpieron en la casa del famoso general de la Fuerza Aérea Alberto Bachelet. Durante varios meses, lo interrogaron y lo torturaron, hasta que finalmente lo liberaron. Debilitado por el abuso, el corazón del general Bachelet se rindió. Como miles de otras víctimas del régimen de Pinochet, murió bajo custodia. No mucho después, los soldados de Pinochet arrestaron e interrogaron a la esposa y la hija del general Bachelet, y luego las obligaron a exiliarse.

Los interrogadores no podían saber que Michelle Bachelet, la hija del general asesinado, un día se convertiría en la primera presidenta de Chile.

Bachelet era pediatra cuando regresó a Chile. Se especializaba en tratar a los hijos de las personas desaparecidas durante el gobierno de Pinochet. Cuando este dejó su cargo en 1990, Bachelet continuó trabajando para recomponer el país que él había destruido.

En 2000, el presidente Ricardo Lagos la nombró ministra de Salud. Ella trabajó para crear un sistema de salud que garantizara la buena atención para todos, ricos y pobres. En dos años, redujo la lista de espera para las consultas médicas en un 82 por ciento.

Debido al éxito de Bachelet con los cambios en el sistema de salud, Lagos la nombró ministra de Defensa. Fue la primera mujer en América Latina que tuvo ese cargo en el ejército. Pero sus nuevas funciones la enfrentaron con personas de su pasado. Tomaba el mismo elevador que el hombre que había ordenado que la torturaran, cuando estuvo detenida bajo el Gobierno de Pinochet.

Bachelet tomó una decisión importante. No buscaría venganza. Luego, dijo a los periodistas que quizá los chilenos nunca se pongan de acuerdo respecto de lo que sucedió en el pasado, pero todos debían trabajar juntos para crear un futuro mejor. Como ministra de Defensa, reformó la manera en que las Fuerzas Armadas interactuaban con el público. En lugar de dedicarse a oprimir al pueblo, el ejército empezó a rescatar víctimas de inundaciones y terremotos.

En 2006, el pueblo de Chile eligió
a Bachelet como presidenta. Bachelet
cumplió dos mandatos: entre 2006
y 2010, y entre 2014 y 2018. Durante
su presidencia, nombró la misma
cantidad de mujeres y hombres
como miembros de gabinete.
Contribuyó a promulgar leyes que
garantizaran igualdad de salarios
para empleados hombres y mujeres.
Extendió la educación libre. Y trabajó
para proteger el medioambiente
de Chile mediante la construcción
de la primera planta de energía
geotérmica de América del Sur,
y la creación de una reserva marina
de 286,000 millas cuadradas
(460,272 km^2) alrededor de la isla
de Pascua.

Madeleine Albright
(1937–)
Secretaria de Estado
de los EE. UU.

Imagina un tren en medio
de la noche en el que viajan dos padres

*Madeleine Albright recibió la Medalla Presidencial
de la Libertad de manos del presidente Barack
Obama, en la Casa Blanca, en mayo de 2012.*

con dos maletas preparadas a toda prisa. Con ellos va una niña pequeña. Es una historia que sucedió miles de veces durante los años de la Segunda Guerra Mundial. En esta historia, la pequeña niña, Marie, crecería en los Estados Unidos. Dedicaría su vida a preservar las democracias de todo el mundo.

Madeleine Albright nació en Checoslovaquia, en 1937, y su nombre era Marie Jana Korbel. Cuando tenía dos años, los soldados nazis invadieron su país. Ella y sus padres huyeron. Casi todos los miembros de su familia que se quedaron en Checoslovaquia murieron en campos de concentración.

Durante muchos años, la vida de Albright siguió el camino común para todas las jovencitas de la época: escuela preparatoria, universidad, matrimonio y una familia. Pero Madeleine quería más. En un ensayo de su juventud, escribió: "Debe ser posible, de algún modo, ser una madre responsable, una buena esposa y tener un trabajo intelectualmente gratificante".

Albright halló ese trabajo gratificante en la política internacional. Primero trabajó para el senador de Maine Edmund Muskie, mientras estudiaba para obtener un doctorado en la Universidad de Columbia. Cuando obtuvo su título, trabajó como asesora para el Consejo de Seguridad Nacional. En 1993, el presidente Bill Clinton la nombró embajadora de los EE. UU. ante las Naciones Unidas. Durante su trabajo allí, casi siempre estaba rodeada de líderes hombres. Albright ayudó a otros líderes a fortalecer la democracia en sus naciones, entre ellas, los países balcánicos de Europa del Este.

En 1996, Albright fue confirmada por unanimidad como secretaria de Estado de los EE. UU. y se convirtió en la mujer con rango más alto de la historia de la nación. Ayudó a fortalecer la democracia en países que antes habían sido parte de la Unión

Soviética comunista, o que habían sido
controlados políticamente por el régimen
soviético, como Checoslovaquia.
Participó en acciones innovadoras para
asegurar la paz en Medio Oriente. Fue
la primera secretaria de Estado que se
reunió con el líder de Corea del Norte.

Madeleine Albright, una exrefugiada,
dedicó su vida a asegurar la democracia
en todo el mundo. El presidente Barack
Obama le otorgó la Medalla Presidencial
de la Libertad en 2012.

Shirley Chisholm
(1924–2005)
Representante del Congreso de los EE. UU.

Cuando Shirley Chisholm subió
al podio en 1972 para anunciar
que se postulaba para la presidencia
de los EE. UU., ya contaba con el apoyo
de miles de estadounidenses. Cuatro
años antes, había sido elegida
miembro de la Cámara de Representantes
de los EE. UU. Fue la primera mujer

Shirley Chisholm, 1970

afroamericana en ser miembro
del Congreso.

Ese día de 1972, de pie
ante una multitud de micrófonos,
Chisholm dijo: "No soy la candidata
de los ciudadanos negros de los Estados
Unidos, aunque soy negra y estoy
orgullosa de serlo. No soy la candidata
de los movimientos por la mujer de este
país, aunque soy mujer y estoy igualmente
orgullosa de serlo. No soy la candidata
de jefes políticos ni de intereses especiales.
Soy la candidata del pueblo".

Chisholm aprendió a luchar
por los intereses de los vecindarios
de New York, donde fue testigo
de todo tipo de actos de discriminación.
Como miembro de la Asamblea
del Estado de New York entre 1964 y 1968,
combatió las prácticas injustas del sistema
de viviendas, que dejaban pocas opciones
para los afroamericanos, puertorriqueños,
judíos y pobres que no fueran casas
de vecindad abarrotadas y proyectos
de viviendas públicas. Patrocinó
con éxito leyes que otorgaban beneficios

de desempleo a los trabajadores
domésticos. Y promovió el programa
SEEK, que permitió triunfar
en la universidad a estudiantes
con dificultades económicas.

Cuando Chisholm fue elegida
miembro del Congreso en 1968,
inicialmente fue asignada a la Comisión
de Agricultura de la Cámara
de Representantes. Chisholm exigió
que la reasignaran a otra comisión
—algo que para un nuevo representante
era completamente inusual—,
a una comisión donde pudiera luchar
por las necesidades de su comunidad.
Funcionó. No aceptar esa asignación
fue la primera batalla que peleó.
Chisholm patrocinó más de 50 leyes,
por lo que le dieron el apodo de "Shirley
la luchadora". Ayudó a expandir
el programa de estampillas de alimentos
y comenzó otros programas que
ayudaban a las familias a alimentar
a los niños. Logró que el salario
mínimo se aplicara a los trabajadores
domésticos. Y luchó para que EE. UU.

se retirara de la guerra de Vietnam.

Chisholm no ganó la nominación del Partido Demócrata en la campaña presidencial de 1972. Casi todos piensan que ganar nunca fue su intención. Ella se postuló para demostrar a los estadounidenses que era posible tener un presidente afroamericano, y además, mujer.

Una vez dijo a los periodistas: "Mi mayor atributo político, lo que los políticos profesionales temen más, es mi boca [...]". Chisholm dejó el Congreso después de siete mandatos y comenzó a viajar por el país dando clases y charlas. Durante el resto de su vida, animó a la gente a cambiar los sistemas de los EE. UU. para que todos pudieran aprovecharlos.

Baronesa Brenda Hale, DBE
(1945–)
Presidenta de la Corte Suprema de Inglaterra

Brenda Hale estudió Derecho en la Universidad de Cambridge,

Brenda Hale, 2017

donde experimentó lo que es estar en inferioridad numérica. De los 100 estudiantes de derecho, solo seis eran mujeres. Ser una entre tan pocas mujeres debe de haber sido una preparación excelente para su trabajo en el sistema judicial británico, donde las mujeres componen un pequeñísimo porcentaje de los jueces. Después de graduarse, comenzó a enseñar derecho en la Universidad de Manchester. Durante su carrera de 18 años como profesora, escribió un libro en el que exploraba cómo las leyes británicas habían tratado a las mujeres a lo largo del tiempo.

En 1984, Hale fue la primera mujer que integró la Comisión de Derecho, una organización que reforma leyes antiguas. Ayudó a modernizar el derecho de familia mediante la Ley de la Infancia de 1989. La nueva ley puso en claro cómo interactuarían los padres, el gobierno, los tribunales y las agencias para proteger a los niños. También ayudó a cambiar leyes sobre divorcio y servicios de salud mental.

En 2009, *lady* Hale fue la primera mujer de la historia que integró la Corte Suprema del Reino Unido. Fue nombrada presidenta de la Corte en 2017. El mismo año, otra jueza, *lady* Black, fue nombrada integrante de la Corte Suprema. Eso significaba que *lady* Hale tenía compañía femenina en la Corte.

Lady Hale sigue presionando para aumentar la diversidad en el sistema judicial británico. Dijo a un grupo de juezas que un tribunal diverso permitiría que las personas "sientan que los tribunales de justicia son sus tribunales, que sus casos son tratados y las leyes son creadas por personas que son como ellas".

> *El propósito de la protección de los derechos humanos es proteger los derechos de aquellos a quienes la mayoría no está dispuesta a proteger [. . .]*
> —Brenda Hale

MUJERES EN LA CORTE SUPREMA DE LOS EE. UU.

La jueza Sandra Day O'Connor fue la primera mujer que integró la Corte Suprema de los EE. UU. Ocupó su cargo desde 1981 hasta que se retiró en 2006. En 2009, el presidente Barack Obama le otorgó la Medalla Presidencial de la Libertad, la condecoración más importante de la nación que puede recibir un civil. En la actualidad, tres mujeres son juezas asociadas de la Corte Suprema de los EE. UU. La jueza Ruth Bader Ginsburg fue nombrada en 1993, la jueza Sonia Sotomayor en 2009 y la jueza Elena Kagan en 2010.

Podemos usar estadísticas como esta para imaginar resultados y practicar la empatía hacia las personas que atraviesan circunstancias difíciles. Si te acusaran de un delito, ¿quisieras que el juez que decide tu caso fuera de tu mismo género? ¿Por qué? ¿Y de tu mismo grupo étnico?

Fuente: The Gavel Gap

Capítulo 3

MUJERES LÍDERES EN LOS NEGOCIOS

Las mujeres que son líderes en los negocios construyen imperios financieros. Crean y salvan empleos. Introducen ideas, productos y servicios nuevos en el mundo. Y usan su poder, su influencia y sus recursos económicos para elevar a otras personas y ayudarlas a triunfar también.

Elizabeth Arden
(1878–1966)
Fundadora de Elizabeth Arden, Inc.

En mayo de 1912, 15,000 sufragistas marcharon en las calles de la ciudad de New York. Llevaban vestidos blancos y fajas rojas con la leyenda "El voto para las mujeres". Y muchas llevaban algo más: los labios pintados de rojo con un lápiz labial que vendía Elizabeth Arden, la emprendedora que era dueña de un salón de belleza. El color del lápiz labial era "rojo Red Door". El nombre se refería a la famosa puerta roja del salón que Arden tenía en la Quinta Avenida.

Elizabeth Arden emigró a New York desde Toronto, Canadá, donde había vivido en la pobreza en su infancia y su juventud. Cuando su madre murió de tuberculosis, Elizabeth partió hacia

Elizabeth Arden, 1939

New York para ganarse la vida. Sin dinero ni educación universitaria, consiguió trabajo en un salón de belleza. Allí fue donde le sonrió la fortuna.

En 1910, Arden pidió a su hermano una pequeña suma de dinero y abrió su propio salón de belleza. Comenzó a crear su propia línea de productos. Dentro del salón, los clientes recibían costosos tratamientos faciales, masajes, servicios de peluquería y maquillaje en un ambiente lujoso. Antes de que Elizabeth Arden entrara en el mercado, el maquillaje era casi un tabú. Lo usaban las actrices de teatro y de cine. Arden hizo que usarlo fuera algo aceptable, incluso glamoroso, para todo el mundo.

Elizabeth Arden tenía un talento especial para el marketing. Durante la Gran Depresión, cuando miles de empresas quebraban, Elizabeth Arden triunfaba. La empresa tuvo ganancias de $4 millones durante la década de 1930. Durante la Segunda Guerra Mundial, sus lápices labiales llevaban nombres como "Rojo Victoria", que inspiraban sentimientos de patriotismo.

Arden era una jefa implacable. Les pagaba bien a sus empleados, pero insistía en que debían trabajar tanto como ella. También era una innovadora: fue la primera en ofrecer productos en tamaños de viaje, en enviar mujeres puerta a puerta para mostrar sus productos, y también en incorporar el nombre del fundador en la línea de productos.

Más de 100 años han pasado desde que Elizabeth Arden distribuía lápices labiales a las sufragistas de la ciudad de New York. Actualmente, hay salones de belleza Red Door en todo el mundo, y la empresa genera ganancias de $966 millones por año.

Ursula Burns
(1958–)
Primera directora ejecutiva (CEO) de una empresa de la lista Fortune 500

Ursula Burns creció en Baruch Houses, unas viviendas públicas

de la calle Delancey, en la ciudad
de New York. En esa época, en la zona
vivían familias afroamericanas, judías
e hispanas, casi todas ellas pobres.
La madre de Burns trabajaba cuidando
niños en su casa. Para ganar más dinero,
planchaba ropa de otras personas.
Aunque a veces tenía dificultades
para alimentar a todos, se las arregló
para enviar a sus hijos a una escuela
católica. Ursula era excelente
en matemáticas.

"Muchos me dijeron que tenía
tres cosas en mi contra —dijo una vez
Burns—: Era negra. Era mujer.
Y era pobre".

El camino tradicional para Burns
habría sido convertirse en enfermera
o maestra. Pero ella logró ser ingeniera.
Se graduó en el Instituto Politécnico
de New York en 1980 y en
la Universidad de Columbia en 1981.
Luego, hizo una pasantía en Xerox,
una empresa conocida por sus máquinas
fotocopiadoras. La pasantía la llevó
a conseguir un empleo.

Ursula Burns, 2014

Un día, al comienzo de su carrera,
Burns hizo algo que demostró
a los ejecutivos de Xerox que algún día
sería una gran líder. En una reunión
con muchas personas, alguien preguntó
al vicepresidente por qué Xerox estaba
tan centrada en contratar mujeres
y personas de color. Burns pensó
que el vicepresidente no debería haberse
dignado a responder tal pregunta.

Se puso de pie en la reunión
y le dijo al vicepresidente que
su respuesta demostraba su falta
de pasión y principios. La decisión
de Burns de decir lo que pensaba rindió
sus frutos. Ella continuó hablando
con el vicepresidente. La conversación
dio lugar a un puesto mejor, y allá
fue Burns.

"Aprendí de mi madre que si tienes
la oportunidad de hablar, debes hacerlo",
dijo más tarde en una entrevista.
Burns señaló que en su infancia
en la calle Delancey había aprendido
que si no hablabas te podían "pasar
por encima".

En 2009, Ursula Burns llegó
a ser la directora ejecutiva (CEO)
de Xerox y se convirtió en la primera
afroamericana en ocupar el puesto
más alto en una empresa estadounidense
de la lista Fortune 500. En ese puesto,
dirigió arduas negociaciones con
los sindicatos. Logró que la empresa
saliera de las dificultades económicas
que atravesaba. Y la ayudó a dejar

de ser solamente una empresa
de fotocopiadoras para convertirse
en un gigante de la comunicación digital.

Actualmente, Ursula Burns
se ha retirado de Xerox pero sigue
teniendo influencia en el ámbito
corporativo estadounidense. Hoy forma
parte de la junta de directores de Uber,
una empresa de transporte compartido.

Sheryl Sandberg
(1969–)
Directora de operaciones de Facebook

Cuando Sheryl Sandberg era niña,
su familia valoraba el esfuerzo,
la educación y la solidaridad
con los demás. Este último valor,
ayudar a los demás, surgía
de una idea central de la fe judía:
tikkun olam, o "reparar el mundo".
Sandberg ha descrito cómo su abuela
vendía relojes que llevaba en el maletero
del carro para recaudar dinero para
la clínica en la que le trataban el cáncer
de pecho. Y sus padres hicieron

una extensa campaña para liberar
a judíos perseguidos en la Unión Soviética.

No es sorprendente que ayudar
a los demás sea una idea que está siempre
presente en la carrera de Sandberg.
Después de obtener una licenciatura
en economía en la Universidad
de Harvard en 1991, comenzó a trabajar
en el Banco Mundial. Sandberg quería
ayudar al banco a cumplir su misión
de disminuir la pobreza global.
Su trabajo consistía en investigar datos,
pero tuvo la oportunidad de ver lo que
los números significaban en el mundo
real. Viajó a clínicas en partes remotas
de la India, donde los fondos del Banco
Mundial se destinaban a ayudar
a los enfermos de lepra.

Sandberg volvió a Harvard
para obtener un título avanzado
en Negocios. Luego, en 1996,
la contrataron como jefa de personal
de la Secretaría del Tesoro de los EE. UU.
Pero los puestos políticos como ese suelen
cambiar de manos cuando se elige
un nuevo presidente. Cuando en 2000

*En una conferencia de prensa en París, en 2017,
Sheryl Sandberg anunció que Facebook ayudaría
a las empresas emergentes de base tecnológica.*

asumió un presidente republicano,
Sheryl decidió correr el riesgo y pasar
al sector privado.

En 2011 aceptó un empleo en lo que
en ese entonces era una joven empresa
de tecnología llamada Google.
Y por seis años, durante su crecimiento
astronómico, fue vicepresidenta

de operaciones y ventas en línea
a nivel global.

Sin embargo, su siguiente empleo
fue el que la hizo muy conocida.
El fundador de Facebook, Mark
Zuckerberg, la conoció en una fiesta
de Navidad en 2008. Zuckerberg
reconoció su inteligencia y dinamismo,
y la contrató como directora
de operaciones de Facebook.
Hoy en día, ella maneja la parte
comercial de la empresa, lo que
permite a los desarrolladores centrarse
en lo que Facebook puede hacer
para los 2,000 millones de personas
que usan la plataforma mensualmente.

Siguiendo la tradición familiar,
Sandberg ha usado lo que aprendió
con su trabajo en Google y Facebook
para ayudar a otras personas, en especial
a las mujeres. Su libro *Lean In* generó
un movimiento nacional para ayudar
a millones de mujeres a superar
las barreras que les impiden triunfar
como les gustaría en los negocios.

Indra Nooyi
(1955–)
Directora ejecutiva de PepsiCo

En la última década,
se ha mencionado a Indra Nooyi
en casi todas las listas de las mujeres
más poderosas del mundo que se han
publicado. Ella es la directora ejecutiva
(CEO) de Pepsico, la segunda empresa
alimenticia más grande del mundo.
Indra Nooyi está a cargo de más de
260,000 empleados. Y la empresa
que maneja genera por año
$63,500 millones en ingresos.

Indra Nooyi desborda energía.
Fue criada con muchas exigencias.
Su abuelo la esperaba en la puerta
cuando volvía de la escuela con
la tarjeta de calificaciones mensual,
y pobre de ella si no había obtenido
las calificaciones más altas. Todas
las noches a la hora de cenar, Indra
y su hermana decían discursos sobre
cómo cambiarían la India si fueran
presidentas o primeras ministras.

Luego, su madre anunciaba quién
de las dos había obtenido su voto.

Después de obtener títulos
en Física, Química y Matemáticas
en la universidad Madras Christian
College de la India, Nooyi tomó
una decisión audaz. Dejaría su hogar
del sur tropical de la India y estudiaría
en la Universidad de Yale, en los Estados
Unidos, para obtener un título avanzado.
Era un camino difícil. Tuvo que trabajar
mientras estudiaba su posgrado y,
cuando pagaba las cuentas cada
mes, generalmente solo le quedaban
unos pocos dólares.

Hoy en día, Indra Nooyi
da charlas a líderes de negocios
en todo el mundo. Cuando habla
sobre cuánto le costó llegar a ser
directora ejecutiva de una corporación
importante, cuenta con honestidad
los obstáculos que enfrentó.
Deja claro que debido a que ella era
inmigrante y además mujer,
su trabajo tenía que ser el doble
de bueno que el de los hombres,

Indra Nooyi, 2016

y el de los trabajadores nacidos
en los EE. UU.

"Una de las cosas que mis padres
y mi abuelo me enseñaron
fue que cuando haces un trabajo,
debes hacerlo mejor que nadie —dijo
Nooyi en una entrevista—. Es simple.
No conozco otra manera de trabajar".

Susan Wojcicki, 2017

Susan Wojcicki
(1968–)
Directora ejecutiva de YouTube

Dos muchachos con camisetas anaranjadas de los Rockets mueven los labios haciendo la mímica de la canción de los Backstreet Boys que suena de fondo. Bailan con pasos coreografiados mientras detrás, su compañero de cuarto nunca deja de hacer la tarea. Este es el video que convenció a Susan Wojcicki de que la plataforma de Internet YouTube sería un éxito. Millones de personas de todo el mundo miraban el video de este dúo haciendo mímica.

Observar el impresionante crecimiento de YouTube no fue la primera experiencia de Wojcicki con una empresa de base tecnológica. Los fundadores de Google comenzaron su compañía en el garaje de ella en Menlo Park, California. Wojcicki recuerda las conversaciones hasta altas horas de la noche a fuerza de pizzas y M&M que llevaron a la creación de la empresa. Wojcicki no solo fue quien les alquiló la primera oficina, también fue la empleada número 16 de Google.

En Google, Wojcicki desarrolló los programas de venta de anuncios que generan miles de millones de dólares para la empresa. Impulsó la compra de YouTube por parte de Google en 2006. Ocho años después, Susan ya era la directora ejecutiva de YouTube. Su meta era aumentar el ingreso por la venta de anuncios del mismo modo que lo había hecho en Google. Hasta ahora, su amor por las celebridades de YouTube y su deseo de verlos triunfar la están ayudando a lograr su meta. Hoy en día, YouTube vale $90,000 millones.

Susan es experta en obtener ganancias, pero también usa su influencia para cambiar la vida de las personas que la rodean. En Google, estableció la famosa guardería para los hijos de los empleados. Es una defensora de la licencia pagada por maternidad. Y usa su plataforma para instar a los empleadores a contratar más mujeres en todos los campos.

Esta dedicación al bienestar social puede que tenga sus raíces en la crianza que recibió. Susan creció en el campus de la Universidad de Stanford, donde su padre era profesor de física. Estaba rodeada de académicos apasionados. Susan dice: "Su meta no era ser famosos ni ganar dinero; era hacer algo que fuera importante para el mundo, porque ellos tenían una pasión".

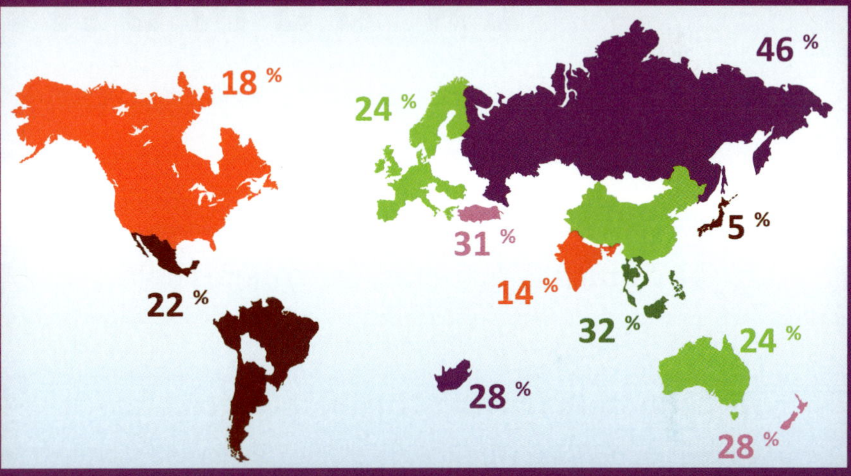

Esta imagen, publicada en la revista Business Insider, muestra el porcentaje de mujeres en todo el mundo que tienen cargos de liderazgo en el área de los negocios. ¿Qué número te sorprende más?

Fuente: Business Insider

MUJERES LÍDERES EN LA COMUNICACIÓN

De muchas maneras, las mujeres que son líderes en los medios de comunicación construyen mundos. Moldean la manera en que vemos el mundo mediante las noticias. Crean mundos de ficción mediante el arte, la música y la moda. Cada una de estas mujeres inspira a otros a hablar, escribir y vivir de una manera que cambia el mundo que compartimos.

Katharine Graham
(1917–2001)
Editora, *Washington Post*

Katharine Graham una vez dijo que el éxito muchas veces no es más que suerte. En muchos aspectos, ella fue una mujer con suerte. Nació en una familia adinerada, la que manejaba el *Washington Post*, un periódico floreciente. Pero en muchos

Katharine Graham, 1980

otros, la suerte no estuvo de su lado.
Los hombres de su familia pensaban
que las mujeres tenían capacidades
limitadas. Cuando su padre estuvo listo
para jubilarse, en lugar de confiarle
el periódico a Katharine, se lo pasó
a su esposo, Philip, que tenía problemas
de salud mental y no la trataba bien.

En 1963, Philip se suicidó.
Katharine consideró que tenía
tres opciones: vender el periódico,
buscar a otra persona para que
lo dirigiera, o dirigir el *Washington Post*
ella misma. Temblorosa, tímida
y aterrada ante la idea de hablar
en público, igualmente decidió
capitanear el periódico. Fue la primera
mujer que tomó el control de un periódico
importante de los Estados Unidos.

Esa fue la primera de muchas
decisiones difíciles que enfrentó.
En 1971, Daniel Ellsberg filtró documentos
que demostraban que el gobierno
había mentido sobre la participación
de los Estados Unidos en la guerra
de Vietnam. Graham decidió publicar

esos documentos, a pesar de que
el gobierno la amenazó con acusarla
de un delito. Ella corrió el riesgo porque
creía en la importancia de una prensa
libre. Más tarde, ella y otros editores
decidieron investigar un complot
para entrar ilegalmente en la sede
principal del Partido Demócrata,
en el hotel Watergate. El informe
del *Washington Post* llevó a la renuncia
del presidente Nixon ante la amenaza
de un juicio político por obstrucción
a la justicia.

Por sus audaces informes bajo
la conducción de Graham, el *Washington
Post* recibió el Premio Pulitzer.
El periódico también se convirtió
en una de las fuentes de noticias
más respetadas del mundo. En 1971,
las acciones del periódico se vendían
a $26 cada una. En 1991, después
de 20 años al mando de Katharine,
se vendían a $222 cada una,
lo que representa un aumento
de más del 750 por ciento.

Oprah Winfrey

(1954–)

**Magnate de los medios
de comunicación y filántropa**

Cuando era niña, a Oprah Winfrey
no le gustaba para nada comer
los alimentos de la huerta de su abuela.
Comer chícharos y coles cultivados
en casa la hacían sentir pobre. Quería
algo diferente. Oprah ya mostraba
una tendencia que moldearía su vida
entera: la negativa a vivir dentro
de las limitaciones que otros le imponían.

Oprah dejó la zona rural
de Mississippi cuando tenía seis años.
Fue a vivir con su madre, pero allí sufrió
abuso extremo. Fue a vivir con su padre
a Nashville, Tennessee. Durante
la adolescencia, su negativa a aceptar
las limitaciones causó algunos problemas,
pero finalmente Oprah logró entrar
en la universidad y estudió una carrera
en medios de comunicación.

En 1984, comenzó como anfitriona
de un programa televisivo de entrevistas
llamado *AM Chicago*. Fue la primera

Oprah Winfrey asistió a la entrega de los Premios Independent Spirit de 2015, en Santa Monica Beach, California.

afroamericana que tuvo su propio
programa de entrevistas. Poco después,
el programa se llamó *The Oprah Winfrey*

Show. Cuando su programa comenzó a emitirse en todo el país en 1986, Winfrey pidió a su jefe un aumento de salario para su equipo. El jefe le respondió que no había necesidad porque eran "todas chicas". Una vez más, Winfrey se enfureció ante las limitaciones injustas. En 1986, formó la empresa Harpo Productions y tomó el control de su propio programa. La audiencia se disparó. Cuando en 2011 Oprah finalizó su programa, era considerado el mejor programa de entrevistas de todos los tiempos.

Desde entonces, Winfrey se ha aventurado en otras áreas. Actúa. Produce películas y espectáculos musicales en Broadway. En 2011, comenzó el canal televisivo Oprah Winfrey Network. Durante su carrera, ha ganado Premios Emmy por su trabajo en televisión, Premios Oscar por su trabajo en películas y un Premio Tony por su trabajo en teatro. En 2013, el presidente Obama le otorgó la Medalla Presidencial de la Libertad.

Actualmente, Oprah Winfrey es considerada una de las personas más influyentes del mundo. Sus empresas valen más de $2,800 millones. Ha donado millones a organizaciones benéficas de todo el mundo, entre ellas el internado que estableció en Sudáfrica para las niñas con dificultades económicas.

J.K. Rowling
(1965–)
Escritora, serie *Harry Potter*

Joanne Rowling creció en Inglaterra y Gales, rodeada de libros. Según ella misma, era un clásico "ratón de biblioteca, con pecas y todo, y anteojos del Servicio Nacional de Salud". Comenzó a escribir sus propias novelas cuando aún era niña.

Escribió los libros de Harry Potter cuando vivía en Escocia. A la vez que trabajaba como maestra, durante cinco años imaginó y escribió los borradores de la serie, durante

sus momentos libres, en pedazos sueltos
de papel. El manuscrito del primer libro,
Harry Potter and the Sorcerer's Stone,
fue rechazado muchas veces, pero
el relato finalmente halló un hogar
en Bloomsbury Books. Cuando
se publicó en 1997, superó todos
los récords de ventas en el Reino Unido,
los EE. UU. y en todo el mundo.
Niños y adultos hacían fila para
comprar cada volumen de la serie
apenas se publicaba. Los libros
dieron lugar a películas y productos
comerciales. Con el tiempo, crearon
una floreciente comunidad en línea
de entusiastas "muggles".

Harry Potter es una serie de fantasía,
pero sus efectos en la industria editorial
y el turismo son reales. Según informes,
se estima que la popularidad de la serie
causó que la cantidad de libros infantiles
publicados por año aumentara
diez veces. Hoy en día, en los Estados
Unidos se venden más libros infantiles
que libros para adultos. Multitudes
de amantes de Harry Potter visitan

J. K. Rowling, 2017

Londres y parques temáticos
en los Estados Unidos para disfrutar
recreaciones en tamaño real
de Hogwarts, Callejón Diagon
y el andén 9 y 3/4 en la estación
Kings Cross, en Londres.

Anna Wintour, 2017

En *Harry Potter and the Sorcerer's Stone,* cuando Harry se prepara para atravesar la llama negra y enfrentar a su enemigo, le admite a su amiga Hermione que ella es la mejor maga. Hermione le quita importancia al elogio.

"¡Yo! —exclamó Hermione—. ¡Libros! ¡Inteligencia! Hay cosas mucho más importantes [. . .]".

Al igual que la famosa bruja que creó, J. K. Rowling puede atribuir sus poderes a los libros y la inteligencia. Pero los mundos que ha creado en la serie *Harry Potter* son mágicos para millones de lectores niños y adultos de todo el mundo.

Anna Wintour
(1949–)
Directora artística, editorial Condé Nast

En cada capital de la moda del mundo —París, Londres, New York, Milán—, una semana al año supera a todas las demás. Durante la Semana de la Moda, se reúnen diseñadores, modelos, estilistas, fotógrafos y celebridades para presentar las nuevas colecciones de ropa, y todos se desesperan por conseguir la aprobación de una mujer.

Ella llega temprano a los desfiles. Su característico cabello estilo "bob" apenas toca el marco de sus gafas de sol. Es *dame* Anna Wintour. Durante 30 años, ha dirigido la revista de moda más famosa del mundo: *Vogue*. En sus 125 años de historia, la revista jamás había tenido una editora tan influyente como Wintour.

Es famosa por su enfoque práctico. Como directora ejecutiva, aprueba las paletas de colores, las tendencias, los rostros y todos los detalles que se presentan al público. Es una guardiana acérrima de las palabras de la revista, así como de las imágenes. Con Wintour a la cabeza, *Vogue* tiene una influencia enorme en la manera de vestir de la gente y en lo que la gente piensa que es hermoso.

Wintour creció en Londres en la década de 1960. Entró en el mundo de la moda en un momento crucial de la historia. Cada vez más mujeres se sumaban al mundo laboral, ganaban su propio dinero y disfrutaban nuevas libertades personales. Wintour puso en las páginas de *Vogue* la moda y los rostros que celebraban esta nueva independencia.

"Ver esa revolución en acción me hizo amar la moda desde muy temprana edad", dijo.

En 2013, Wintour expandió su influencia en el mundo editorial. Fue nombrada directora artística de Condé Nast, la compañía editorial que es dueña de *Vogue*. Condé Nast también es dueña de *Vanity Fair, Glamour, The New Yorker, Architectural Digest, Bon Appétit* y *Wired*, revistas que tienen un público de más de 120 millones de personas en todo el mundo. En 2014, la reina Isabel II le otorgó el título de *dame* en reconocimiento a su contribución al mundo de la moda.

Beyoncé Knowles, 2013

Beyoncé Knowles
(1981–)
Compositora, cantante, productora, actriz

Desde las paredes del hogar de su infancia en Houston, Texas, una hermandad de hermosas mujeres negras rodeaban a Beyoncé Knowles. Las pinturas de la colección de su madre le mostraron cómo es el arte audaz. Fue una lección que ella aprendió muy bien.

Knowles comenzó a cantar a los siete años. Cuando tenía 16, firmó contrato con Columbia Records como parte de un trío, *Destiny's Child*. Su álbum vendió más de 60 millones de ejemplares. En 2003, ya se había embarcado en una carrera solista. Luego vinieron el éxito comercial y los elogios de la crítica. La revista *Rolling Stone* dijo que su voz estaba "cambiando por completo el panorama del R&B".

Pero el dinero y la fama no eran suficientes. Beyoncé quería independencia. Para eso, tuvo que tomar una dolorosa decisión: separarse de su representante, que era su padre. La separación causó rispidez entre ambos, pero la liberó para perseguir nuevas metas. Luego vinieron sus álbumes *4*, *Beyoncé* y *Lemonade*, y cada uno tuvo más éxito que el anterior. *Lemonade*, en particular, fue elogiado por su feminismo apasionado y la franca crítica al racismo. La gira que siguió, *The Formation*, fue criticada por algunos que se sintieron ofendidos por las referencias positivas a los Panteras Negras, pero para muchos fue poderosa y energizante.

Los álbumes de Knowles han debutado seis veces en el primer puesto de la lista de Billboard, algo que no ha logrado ningún otro artista.

Knowles actuó dos veces en el Super Bowl y cantó el himno nacional en la toma de posesión del presidente Obama. Su trabajo ha generado un imperio de $350 millones: películas, participación en publicidades, líneas de ropa y fragancias, e innumerables actos filantrópicos.

Cuando Knowles anunció en 2016 que estaba embarazada de mellizos, Warsan Shire le escribió un poema titulado "I Have Three Hearts". Para todo aquel que mira el alcance, la profundidad y la pasión del trabajo de Knowles, es un título muy apropiado.

> **Haz lo que naciste para hacer. Solo tienes que confiar en ti mismo.**
> —Beyoncé Knowles

Capítulo 5

MUJERES LÍDERES EN EL DEPORTE

Estas mujeres definen los resultados. Cada una ha sido bendecida con un talento deportivo superior. Cada una ha batido récords en su deporte. Pero también han hecho algo más: de diferentes maneras, cada una abrió el mundo de los deportes a una generación de jóvenes mujeres que, sin ellas, se habrían quedado afuera.

Abby Wambach

(1980–)

Máxima goleadora del fútbol mundial

Pocas mujeres futbolistas han conseguido los títulos que ha ganado Abby Wambach.

Campeona de la Copa Mundial. Dos veces medalla de oro en los Juegos Olímpicos. Jugadora del Año de la FIFA en 2012. Seis veces Futbolista Estadounidense del Año. Máxima goleadora de todos los tiempos de la selección nacional de fútbol femenino de los EE. UU. Y además, ningún futbolista, hombre o mujer, ha hecho tantos goles como ella en partidos internacionales: 184 en toda su carrera.

Pero los títulos, los trofeos y las estadísticas son solo algunas de las razones por las que esta mujer es una campeona. Su juego implacable ha inspirado a toda una generación

Amy Wambach durante el partido de fútbol femenino China vs. EE. UU., en 2015

de jóvenes mujeres futbolistas.
Una vez, durante un partido crucial
contra México en la Copa Mundial,
ella saltó para cabecear la pelota,
pero en cambio chocó con otra jugadora.
Con la sangre chorreando de la frente
herida, salió del campo, se hizo cerrar
la herida con grapas y volvió corriendo
a la cancha para seguir jugando.
Su intensidad ayudó a redefinir lo
que significa jugar como una chica.

Y tuvo casi tantas victorias fuera
del campo como dentro. Wambach
usó su famosa voz para luchar
por la igualdad de género en el fútbol.
Ella y sus compañeras lideraron
la campaña para que los equipos
de fútbol femenino recibieran el mismo
trato que los de fútbol masculino de parte
de la FIFA, el organismo internacional
que rige el fútbol. Cuando la FIFA anunció
que los partidos importantes de fútbol
femenino se jugarían sobre césped artificial
en lugar de césped real, Wambach
y sus compañeras iniciaron una demanda
para impedir el injusto y peligroso
cambio de superficie.

Ellas lucharon para que
el equipamiento y las instalaciones
de las prácticas fueran de la misma
calidad que los que usaban los equipos
masculinos. Hicieron campañas para
subir el salario de las jugadoras.
A pesar de que los equipos de fútbol
femenino ganaron más campeonatos,
los equipos masculinos incluso ganaban
más dinero cuando perdían que
los equipos femeninos cuando ganaban.
Wambach y sus compañeras demostraron
que luchar por lo que se cree justo vale
la pena. En 2017, el equipo de fútbol
femenino negoció un contrato que
aumentó drásticamente su salario
y mejoró las condiciones de trabajo.

Anotar 184 goles como profesional
es un logro monumental. Pero su campaña
para empoderar a niñas y mujeres
en el deporte tal vez sea más duradera
que su récord de goles. Wambach enseñó
a una nación de niñas y muchachas
a trabajar con esfuerzo y sin descanso
para lograr sus metas tanto dentro
como fuera de la cancha.

Misty Copeland

(1980–)
Primera bailarina,
American Ballet Theater

Algunas personas nacen
en la riqueza, y llegar a la grandeza
les resulta más fácil. Ese no fue el caso
de Misty Copeland. Cuando era niña,
su madre trabajaba mucho, pero le costaba
ganar lo suficiente para cuidar de Misty
y sus cinco hermanos. A veces no tenían
camas para dormir. A veces compraban
comida con monedas que encontraban
bajo los almohadones del sofá. Pero Misty
tenía tesoros de otro tipo. Tenía un talento
extraordinario para la danza.

Una maestra de danza que trabajaba
como voluntaria en el club Boys & Girls
del vecindario reconoció su habilidad
natural. Misty comenzó a bailar
cuando tenía 13 años, varios años
más que la mayoría de las bailarinas
profesionales. Pero era rápida para
aprender los movimientos. Era flexible
como un alambre. Y practicaba durante
horas. *Plié. Tendu. Battement.*
Cada movimiento de su zapatilla

Misty Copeland, 2015

construía fuerza, precisión y gracia.

La instructora del club Boys & Girls
le ofreció tomar clases en un estudio
privado. La invitó a vivir en su casa
para que pudiera dedicarse a la danza.
A partir de allí, la determinación
y el talento de Copeland abrieron

una puerta tras otra, desde el Ballet
de San Francisco hasta el programa
intensivo de verano del American Ballet
Theater. Luego, estudió en la compañía
del American Ballet Theater. Y después,
pasó a formar parte de su cuerpo
de baile. Representó todos los papeles
más deseados del ballet clásico: Clara
de *El cascanueces*, Odette de *El lago de los
cisnes*, Julieta de *Romeo y Julieta*, y muchas
veces, fue la primera afroamericana
en lograrlo. Hubo veces que le dijeron
que tenía demasiadas curvas para
representar esos personajes del ballet
clásico. Hubo veces que se sintió
tremendamente sola por ser la única
afroamericana de la compañía. Hubo
veces que no pudo bailar porque
se había lesionado. Pero perseveró. *Plié.
Tendu. Battement.*

En 2015, Misty Copeland fue ascendida
a primera bailarina del American Ballet
Theater. Es la primera mujer negra
que ocupa esa posición en la compañía.
Su presencia en el escenario
y su representación de los papeles

deseados por cualquier bailarina
les muestra a las niñas afroamericanas
que el ballet es para todos.

Pat Summitt
(1952–2016)
Entrenadora del Lady Vols de Tennessee

Algunas de las personas
más influyentes en el deporte
son los entrenadores que hacen aflorar
la grandeza de los demás. Pat Summitt
es una de esas personas en la historia
del básquetbol.

Ha sido descrita como un huracán:
una fuerza de la naturaleza que llevó
a los equipos a la victoria. En su carrera
de 38 años como entrenadora, Summitt
nunca tuvo una mala temporada.
Ganó 1,098 partidos, más que cualquier
otro entrenador, hombre o mujer,
de la División I de Básquetbol
de la NCAA. Condujo a sus equipos
a la victoria en ocho campeonatos
nacionales de la NCAA, más que cualquier
otra entrenadora de básquetbol

de la historia. Fue nombrada Entrenadora Nacional del Año siete veces.

Y Pat también fue una deportista implacable. Ganó una medalla de plata en los Juegos Olímpicos de 1976, la primera vez que el básquetbol femenino competía como deporte olímpico. Ocho años más tarde, fue la entrenadora del equipo de los EE. UU. que ganó el oro.

Aunque era famosa por su mirada dura y sus tácticas agresivas, Summitt despertaba amor con igual intensidad. En 2011, le diagnosticaron demencia, una enfermedad que afecta la capacidad de recordar. Cuando su vida ya se acercaba a su fin, exjugadoras de varias partes del país fueron a visitarla para acompañarla junto a su lecho. Una de ellas, Sheila Collins, llevó una carta que Summitt le había escrito antes de su primer partido. Decía:

Ganar es divertido... Claro que sí.
Pero ganar no es lo que importa.
Querer ganar es lo que importa.
No rendirse es lo que importa.

Pat Summitt, 2012

Nunca bajar la guardia es lo que importa.
Nunca estar satisfecha con lo que has hecho es lo que importa.

El partido nunca termina. No importa lo que muestre el tablero ni lo que diga el referí, el partido no se termina cuando salimos de la cancha.

En 2012, el presidente Obama le otorgó a Summitt la condecoración

más importante que puede recibir
un civil: la Medalla Presidencial
de la Libertad.

La contribución de Summit al deporte
femenino no terminó cuando ella dejó
la cancha. Es prueba de su profunda
influencia en el básquetbol el hecho
de que más de 75 de las jugadoras
a las que ella entrenó se han convertido
también en entrenadoras y así pasan
la pelota a futuras generaciones.

Wilma Rudolph

(1940–1994)

Corredora olímpica y activista por los derechos civiles

Wilma Rudolph le ganó
a la adversidad desde el primer día.
Nació antes de tiempo y pesó apenas
un poco más de 4 libras (1.8 kg).
El hospital más cercano se negó
a atender a Wilma y su madre porque
eran negras. Como resultado, Wilma
Rudolph se enfermó y contrajo polio.

El médico dijo que nunca caminaría.
Pero la madre de Wilma insistía
en que lo lograría, y Wilma le creyó
a su mamá. Ella misma se quitó
el soporte para las piernas. Los miembros
de su familia le hacían masajes en la pierna
afectada por la polio. A los 6 años estaba
saltando por toda la casa. A los 11 jugaba
al básquetbol descalza.

El conocido entrenador Ed Temple
identificó el talento de Rudolph
y comenzó a entrenarla. Rudolph corría
en las competencias de pista y campo
de la universidad, aunque todavía estaba
en la escuela preparatoria.

Cuando tenía 16 años, compitió
en los Juegos Olímpicos de 1956,
en Melbourne, Australia. Ganó
una medalla de bronce en la carrera
de 400 metros. En 1960, compitió
en los Juegos Olímpicos de Roma.
Esta vez, se llevó a su casa tres medallas,
las tres de oro. También rompió tres
récords mundiales. La gente la llamaba
"la mujer más rápida del mundo".

Cuando volvió a Tennessee, enfrentó
el mismo racismo por el que había
contraído polio de niña. El desfile

Wilma Rudolph sostiene las tres medallas de oro que ganó en los Juegos Olímpicos de 1960, en Roma.

que se había preparado en su honor estaría segregado: los afroamericanos no tenían permitido asistir. Rudolph se enfadó. Se negó a estar presente, y su protesta funcionó. Su desfile de bienvenida fue el primer evento integrado de la historia de su ciudad natal.

En 1983, Rudolph ingresó al Salón

de la Fama de los Juegos Olímpicos. El historiador Bud Greenspan dijo que ella había cambiado el mundo del deporte para siempre.

Serena Williams
(1981–)
Campeona de tenis

Serena Williams y su hermana Venus crecieron en Compton, un vecindario pobre de California en el que había problemas de violencia y consumo de drogas. Pero la familia Williams tenía grandes aspiraciones para Venus y Serena. Venus dice que a los ocho años anunció su intención de ganar Wimbledon cinco veces (lo logró en 2008). Serena jugaba extrafuerte porque sentía que era "bajita". Las destrezas que aprendió en el manejo de las manos la ayudaron a compensar su baja estatura.

Serena Williams ha ganado 23 títulos de Grand Slam en 29 partidos individuales, más que ningún otro jugador, hombre o mujer, en la era abierta. Ha ganado cuatro medallas de oro en los Juegos Olímpicos, tres de las cuales comparte con su hermana Venus por partidos dobles. Ha ganado $85 millones en premios y tiene más de una decena de patrocinadores.

Su generosidad es igual de admirable. Ha abierto escuelas en Kenia y Jamaica. Trabaja con escuelas de Compton para asegurarse de que siempre tengan suministros. Estableció el Yetunde Price Resource Center, que lleva el nombre de su hermana mayor, Yetunde, que murió víctima de violencia con armas de fuego. El centro ofrece ayuda a las personas que se recuperan de los efectos que tiene la violencia en la comunidad.

Williams aboga con pasión por las mujeres de color de todo el mundo. Según ella, "los ciclos de pobreza, discriminación y sexismo son mucho, mucho más difíciles de romper que el récord de títulos de Grand Slam".

Serena Williams, 2016

En muchas ocasiones, Serena Williams ha ocupado el primer lugar de su deporte a lo largo de los años. Ha ganado más partidos que cualquier otro tenista profesional. Su fortaleza física, la precisión de sus saques y la velocidad increíble que le imprime a la pelota hacen que domine en la cancha. Y llegó a esa posición porque superó obstáculos que habrían aplastado a alguien más débil: grupo étnico, dinero, género. Ninguno de esos problemas pudo vencerla. Y por esas razones, muchos dicen que Serena Williams es la mejor deportista de todos los tiempos.

Línea de tiempo

1910 Elizabeth Arden abre su salón de belleza.

1912 15,000 sufragistas marchan por las calles de la ciudad de New York.

1953 Isabel II asume como reina de Inglaterra.

1963 Katharine Graham es nombrada presidenta del *Washington Post*.

1968 Shirley Chisholm es elegida miembro del Congreso de los Estados Unidos.

1972 Shirley Chisholm anuncia su candidatura para la presidencia de los Estados Unidos.

1976 Pat Summitt gana una medalla de plata en básquetbol en los Juegos Olímpicos.

1979 Margaret Thatcher asume como primera ministra de Gran Bretaña.

1980 Ursula Burns se gradúa en el Instituto Politécnico de Nueva York.

1981 Ursula Burns se gradúa en la Universidad de Columbia.

1981 Sandra Day O'Connor es la primera mujer en integrar la Corte Suprema de los EE. UU.

1983 Shirley Chisholm finaliza sus mandatos en el Congreso de los EE. UU.

1984 Brenda Hale es la primera mujer en integrar la Comisión de Derecho de Inglaterra.

1986 Debuta el programa *The Oprah Winfrey Show*.

1988 Benazir Bhutto comienza su primer mandato como primera ministra de Pakistán.

1990 Margaret Thatcher renuncia a su cargo de primera ministra de Gran Bretaña.

1993 Benazir Bhutto comienza su segundo mandato como primera ministra de Pakistán.

1996 Se confirma a Madeleine Albright como secretaria de Estado de los Estados Unidos.

1997 J. K. Rowling publica su primer libro de la serie *Harry Potter*.

2000 Michelle Bachelet es designada ministra de Salud de Chile.

2001 Sheryl Sandberg se une a Google.

2002 Michelle Bachelet es nombrada ministra de Defensa Nacional de Chile.

2005 Angela Merkel es elegida canciller de Alemania.

2005 Ellen Johnson Sirleaf es elegida presidenta de Liberia.

2006 Michelle Bachelet comienza su primer mandato como presidenta de Chile.

2006 Indra Nooyi es nombrada presidenta y CEO de PepsiCo.

2008 Sheryl Sandberg es nombrada directora de operaciones de Facebook.

2009 Brenda Hale es la primera mujer en integrar la Corte Suprema del Reino Unido.

2009 Ursula Burns es CEO de Xerox.

2010 Michelle Bachelet finaliza su primer mandato como presidenta de Chile.

2011 Ellen Johnson Sirleaf recibe el Premio Nobel de la Paz.

2012 Madeleine Albright recibe la Medalla Presidencial de la Libertad.

2012 Abby Wambach es nombrada Jugadora del Año de la FIFA en el fútbol mundial.

2012 Pat Summitt recibe la Medalla Presidencial de la Libertad.

2013 Anna Wintour es nombrada directora artística de Condé Nast.

2013 Michelle Bachelet comienza su segundo mandato como presidenta de Chile.

2014 Susan Wojcicki es nombrada CEO de YouTube.

2015 Misty Copeland es nombrada primera bailarina del American Ballet Theater.

2016 Se lanza el álbum *Lemonade* de Beyoncé.

2016 Serena Williams gana su séptimo título de Wimbledon.

2017 La selección de fútbol femenino de los EE. UU. negocia un contrato por el cual se les aumenta el salario y se mejoran las condiciones laborales.

2017 Michelle Bachelet finaliza su segundo mandato como presidenta de Chile.

Glosario

asesinar: matar a alguien intencionalmente y con malicia

Cámara de los Lores: la cámara alta del Parlamento británico

campo de concentración: lugar donde se obliga a permanecer a personas como prisioneros de guerra, prisioneros políticos o refugiados

ceremonial: relacionado con acciones, palabras o música especiales que se usan para marcar o recordar un suceso importante

cuerpo de baile: el grupo de bailarines principales de una compañía de baile

democrático: gobierno en el que los ciudadanos eligen a sus líderes

empoderar: dar a alguien el poder o los conocimientos para hacer algo

género: grupo definido por las conductas culturales o sociales relacionadas con la masculinidad o la feminidad

golpe de Estado: cambio violento del Gobierno de un país, generalmente producido por el ejército

indígena: originario de un lugar

Parlamento: órgano legislativo de un gobierno

perseguir: castigar o tratar mal a alguien debido a sus creencias

recesión: disminución temporal de la actividad económica

refugiado/a: persona que huye de su país para escapar de la opresión o de un desastre natural

Preguntas de razonamiento crítico

1. La autora de este libro usa autobiografías y entrevistas con las mujeres de las que habla. ¿Cuáles son algunas ventajas de usar esas fuentes? ¿Cuáles son las desventajas de confiar en las historias que una persona cuenta sobre su propia vida?

2. Compara el entorno de las mujeres de este libro. A pesar de tener historias de vida tan diferentes, ¿qué características comparten estas mujeres?

3. La cultura moderna apoya la idea de que los líderes masculinos deben ser ambiciosos y asertivos, y tener confianza en sí mismos. Cuando las mujeres muestran las mismas características, son percibidas de otra manera. ¿Por qué piensas que ocurre eso? ¿Que acciones podrían generar un cambio de actitud? ¿De qué manera cambiar nuestros hábitos de lenguaje podría animar a que más mujeres se conviertan en líderes?

Notas sobre las fuentes

Página 8, col. 1, línea 6: Chris Leadbeater. "The Queen's 90 Years – and 271 Foreign Trips". *Telegraph*. 13 de junio de 2016, http://www.telegraph.co.uk/travel/news/Around-the-world-with-the-Queen/

Página 9, col. 1, línea 25: Karl Vick. "TIME Person of the Year 2015: Angela Merkel". *TIME*. http://time.com/time-person-of-the-year-2015-angela-merkel/

Página 9, col. 1, línea 10: "The Reunification of Germany". *Encyclopedia Britannica*. 2 de mayo de 2018, https://www.britannica.com/place/Germany/The-reunification-of-Germany

Página 10, col. 2, línea 23: "Durga". *Encyclopedia Britannica*. 21 de julio de 2017, https://www.britannica.com/topic/Durga

Página 15, col. 1, línea 25: Jason Burke. "Benazir Bhutto". *The Guardian*. 27 de diciembre de 2007, https://www.theguardian.com/world/2007/dec/28/pakistan.obituaries

Página 15, col. 1, línea 8: Jane Perlez y Victoria Burnett. "Benazir Bhutto, 54, Lived in Eye of Pakistan Storm". *The New York Times*. 28 de diciembre de 2007, http://www.nytimes.com/2007/12/28/world/asia/28bhuttocnd.html

Página 19, col. 1, línea 19: Afua Hirsch. "Can Ellen Johnson Sirleaf Save Liberia?" *The Guardian*. 22 de julio de 2017, https://www.theguardian.com/global-development/2017/jul/23/can-president-ellen-johnson-sirleaf-save-liberia

Página 19, col. 1, línea 24: "Ellen Johnson Sirleaf — Facts". Nobel Prize Organization. https://www.nobelprize.org/nobel_prizes/peace/laureates/2011/johnson_sirleaf-facts.html

Página 20, col. 1, línea 14: Larry Rohter. "Chile Inagurates First Woman to Serve as Its President". *The New York Times*. 12 de marzo de 2006, https://www.nytimes.com/2006/03/12/world/americas/chile-inaugurates-first-woman-to-serve-as-its-president.html

Página 20, col. 2, línea 11: "Chilean President Speaks of her Torture Under Pinochet". *Yahoo*. 14 de noviembre de 2014, https://www.yahoo.com/news/chilean-president-speaks-her-torture-under-pinochet-192814454.html

Página 24, col.1, línea 5: "Shirley Chisholm Biography". *Biography*. https://www.biography.com/political-figure/shirley-chisholm

Página 24, col. 1, línea 16: "Shirley Chisholm, Pioneer in Congress, Dies at 80". *NBC News*. 4 de enero de 2005, http://www.nbcnews.com/id/6779424/#.VUUPjPlViko

Página 26, col. 1, línea 23: "Baroness Hale Appointed as UK's First Female Top Judge". *BBC*. 21 de julio de 2017, http://www.bbc.com/news/uk-40679293

Página 26, col. 1, línea 12: Clare Dyer. "The Guardian Profile: Lady Brenda Hale". *The Guardian*. 9 de enero de 2004, https://www.theguardian.com/uk/2004/jan/09/lords.women

Página 30, col. 2, línea 14: Faith Dallal. "100 Years Behind the Iconic Red Door". *Vanity Fair*. 8 de noviembre de 2010, https://www.vanityfair.com/style/2010/11/100-years-behind-the-iconic-red-door

Página 31, col. 2, línea 5: Kathleen Elkins. "How Calling Out a VP Helped an Entry-Level Employee Become CEO of Xerox". *CNBC*. 7 de febrero de 2017, https://www.cnbc.com/2017/02/07/calling-out-a-vp-helped-an-entry-level-employee-become-ceo-of-xerox.html

Página 32, col. 1, línea 19: "Ursula Burns: CEO, Xerox Corporation". *Makers*. https://www.makers.com/profiles/591f28b1bea177748042171a

Página 35, col. 1, línea 3: "Indra Nooyi". *Encyclopedia Britannica*. 22 de noviembre de 2017, https://www.britannica.com/biography/Indra-Nooyi

Página 51, col. 1, línea 23: "Discover Misty's Journey". *The Official Website of Misty Copeland*. https://mistycopeland.com/about-2/

Página 53, col. 1, línea 7: Sally Jenkins. "'The Game is Never Over': A Letter from Pat Summitt to a Young Basketball Player". *The Washington Post*. 28 de junio de 2016, https://www.washingtonpost.com/sports/colleges/widely-beloved-pat-summittwas-cherished-most-by-those-who-saw-her-complexities/2016/06/28/581a391a-3d2e-11e6-80bc-d06711fd2125_story.html?tid=a_inl&utm_term=.9fbe7df82476

Página 53, col. 2, línea 9: Gary Smith. "Eyes of the Storm". *Sports Illustrated*. 2 de marzo de 1998, https://www.si.com/vault/1998/03/02/239460/eyes-of-the-storm-when-tennessees-whirlwind-of-a-coach-pat-summitt-hits-you-with-her-steely-gaze-you-get-a-dose-of-the-intensity-that-has-carried--the-lady-vols-to-five-ncaa-titles

Página 54, col. 2, línea 12: KeriLynn Engel. "Wilma Rudolph, Olympic Gold Medalist & Civil Rights Pioneer". *Amazing Women in History*. 14 de agosto de 2012, https://amazingwomeninhistory.com/wilma-rudolph-olympic-gold-medalist-civil-right-pioneer/

Página 54, col. 2, línea 24: Frank Litsky. "Wilma Rudolph, Star of the 1960 Olympics, Dies at 54". *The New York Times*. 1994, http://www.nytimes.com/1994/11/13/obituaries/wilma-rudolph-star-of-the-1960-olympics-dies-at-54.html

Página 55, col. 2, línea 2: Barbara Heilman. "Like Nothing Else in Tennessee". *Sports Illustrated*. 14 de noviembre de 1960, https://www.si.com/vault/1960/11/14/585203/like-nothing-else-in-tennessee

Se accedió a todos los sitios de Internet el 11 de mayo de 2018.

Acerca de la autora

Rebecca Stanborough obtuvo su título de grado en Agnes Scott College, una universidad para mujeres de Decatur, Georgia. También hizo una maestría en escritura para niños y adultos en la Universidad Hamline de Minnesota. Rebecca es autora de otros cuatro libros para jóvenes lectores, y su cuento "The latter days of Jean" apareció en la antología de Capstone *Love & Profanity*. Rebecca escribe y enseña en St. Augustine, Florida.

Índice